나그네의 기도

시학
Poetics

나그네의 기도

1판 1쇄 펴낸날 2021년 3월 2일

지은이 주설자

펴낸곳 도서출판 시와시학
펴낸이 엄세천

주소 서울특별시 동대문구 망우로21길 45 2층 202호
전화 02-744-0110
전자우편 sihaksa1991@naver.com

출판등록 2016년 1월 18일
등록번호 제2021-000008호

ISBN 979-11-87451-95-2 (03810)
값 12,000원

* 저자와의 협의에 의해 인지를 생략합니다.
* 잘못된 책은 바꾸어 드립니다.

주설자 시집
나그네의 기도

■ 시인의 말

　세월이 너무 빨리 흘러간다. 어느새 남은 날보다 돌이켜볼 날이 더 많아지게 되었다. 지난 시간을 되새겨보면 아쉬운 생각이 많지만, 유아들을 가르치고 시를 쓰면서 보람도 크게 느꼈다. 그 동안 시는 나의 소중한 동반자였다. 가을 들녘에 벼이삭들이 황금빛으로 물들듯이, 이제 시를 통해서 스쳐온 삶들을 추수하고 싶었다. 좋은 열매든 부실한 열매든 나는 그 모두를 사랑한다.
　인생에서 남는 것은 기도와 사랑뿐이라는 것을 뒤늦게 깨닫는다. 이 세 번째 시집은 그런 성찰에서 이루어진 것이다. 지금까지 마음의 위로가 되어준 가족들과 지인들께 감사를 드린다.

2021년 2월
주설자

차례

시인의 말 _ 005

제1부

영원한 사랑 _ 013
천리향나무 _ 014
노을에 안겨 _ 015
지게꽃 _ 016
화살나무꽃 _ 017
비상을 꿈꾸다 _ 018
나그네의 기도 _ 019
배추 잎을 묶다가 _ 020
서문시장 _ 022
새가 삼킨 울음 _ 023
눈길 위의 서정 _ 024
오늘을 사랑하며 _ 025
기도하며 저녁을 _ 026
자연법 _ 028
꿈의 은신처 _ 030

제2부

산정 호수 _ 033
고령, 대가야에 들다 _ 034
바닷가 노숙자 _ 036
굳센 믿음 하나로 _ 037
눈을 밟으며 _ 038
떠돌이의 하루 _ 039
대숲 앞에서 시를 생각하다 _ 040
보내고 기다리며 _ 042
새벽 바다에서 _ 043
소들의 푸른 꿈 _ 044
물풀을 위하여 _ 046
물 따라 흘러가며 _ 047
고비사막의 낙타같이 _ 048
왜가리의 속울음 _ 050
단풍 _ 051
외로운 순례 _ 052

제3부

가을 단상 _ 057
새를 보며 _ 058
갈대가 꿈꾸는 시 _ 059
나의 길을 따라 _ 060
어떤 문상 _ 061
시의 길을 찾아서 _ 062
세월 열차 _ 064
꿈의 낙원 _ 065
상수리나무 숲에서 _ 066
버림과 비움 _ 067
영혼의 고향 _ 068
시간의 칼날 _ 070
푸른 솔의 품 _ 072
무소의 뿔처럼 _ 074
강물 같은 사랑 _ 076

제4부

노을 장작불 _ 079
장미와 시 _ 080
꿈이 열리는 성주 _ 081
수성못에서 _ 082
고송古松 _ 084
낙엽의 사랑 _ 085
아리랑 고개 _ 086
등불 하나 _ 087
바위에 핀 꽃 _ 088
소지 한 장 올리며 _ 089
백제의 꽃잎들 _ 090
당신의 기척 _ 092
당신을 꿈에서 만나요 _ 094
당신을 기다리며 _ 096
큰 나무가 되어다오 _ 097

작품해설 유성호 _ 101

제1부

영원한 사랑

별은 언제나 그 자리에 떠있다
다만 여명의 빛에 가려져
먼동이 트면 보이지 않을 뿐이다
사랑하는 이 마음도
내 가슴 깊이 그대로 새겨져 있다
단지 흘러가는 시간의 그늘에 가려져
내 심중에 묻혀 있을 뿐이다
어두워져야 별이 빛남을 알듯이
세월이 흘러간 뒤
더 소중한 사랑이 빛나고 있었음을
비로소 깨닫게 되리라
오늘도 밤하늘엔 별이 뜬다
저 아름다운 뭇별들
나의 사랑이여, 그렇게 영원히 빛나라

천리향나무

그 사랑 얼마나
그리웠으면
천 리를 달려갈까요
그 사랑 얼마나
그리웠으면 천 리를 달려올까요
사랑에는 언제나
들꽃 향내가 풍겨납니다
바람과 새들의 노래까지
사랑한다고 내게로 전해옵니다
사랑은 시들지 않습니다
그 향기는 언제나
텃밭에서 자라는 채소들같이
메마른 가슴에 생기를 줍니다

노을에 안겨

노을 아래 선 사람아
저 붉음은 내가 살아 온 세월만큼
속 깊이 애잔하다
평생토록 하루하루를 뜨겁게
걸어 온 지난 발자취
어느덧 석양이 지고 있다
어찌 저리도 은은한 노을꽃을
곱게 피워 올리고 있을까
산다는 것이 험한 언덕이 있어야
참다운 의미가 있듯이
먹구름과 바람이 있으니
인생의 꽃빛이 더욱 아름다운 것인가
이 세상 걸음 멈추는 날
나도 서쪽 하늘 노을에 온전히 안겨
저 산마루 위를 곱게 물들이고 싶다

지게꽃

지게에 짓눌린 아버지의
두 어깨
소리 없는 살갗의 비명이
피멍울 보랏빛으로
꽃을 피웠어요
한평생 아버지의 어깨에 핀 그 꽃을
지게꽃이라고 이름 짓고 싶어요
세상에서 가장 아름다운 꽃이라고
말하고 싶어요
아버지는 밤마다
굽은 허리를 펴고 단잠에 들지만
새벽이면 또 지게꽃을 피우기 위해
어둠을 헤치고 문간을 나섭니다
아버지의 등 뒤로
낙엽처럼 하나 둘 떨어지는
보랏빛 지게꽃잎들…

화살나무꽃

오월은
화살나무에게도
꽃이 피어라 하였다
산바람 숨결 스며든
향기 없는 꽃이여

세상의 향기는 잠시 스쳐갈 뿐
너의 무향無香이
오히려 영원한 사랑을 나타내는가

누군가의 가슴에
사랑의 화살 한 번 날리지 못하고
그 마음 속 얼마나 아렸기에
그리움 저리도 황록의 꽃빛으로
새파랗게 물들까

비상을 꿈꾸다

솟대에 앉은 새는
자유롭게 날기를 꿈꾼다
먼 하늘을 바라보며
마음껏 날개를 파닥여보기 위해
사무치는 그리움 가슴에 껴안고
오늘도 비상의 꿈을 꾼다
푸른 숲의 나뭇가지에 앉아
노래도 실컷 불러보고
봄이면 짝짓기도 하면서
생기 넘치게 살아보고 싶다는
아름다운 꿈을 꾼다
비록 나무로 깎아 만든 몸과
날개일지라도
풍우에 썩어 육신이 없어지는 그날까지
솟대의 새는 하늘을 바라보며
비상의 꿈을 꾼다

나그네의 기도

지난 해 내 영혼을
곱게 물들여 주고 가시더니
이 가을도 마음 낮은 곳까지
단풍잎 내려주시네
깊은 우물의 물맛처럼
내 연륜 쌓여갈수록
아름다움으로 늙어가게 하소서
세월의 무게로
얼굴에 주름이 늘어간다 하여도
마음은 빨간 단풍처럼
열정으로 타오르게 하소서
그래서 가끔은 향기로운 옛 사랑도
생각나게 하소서
떨어진 낙엽들을 바라보며
잠시 생각에 잠길 때
인생의 목적이 무엇인지
이제는 깨닫게 하소서

배추 잎을 묶다가

더우나 추우나
한 겹 두 겹 희로애락을 품어준
나의 한평생

지나온 기쁨과 슬픔은
모두 배추의 속고갱이가 되었고
나는 억센 배추 겉잎이 되었다

가을, 칠순의 끈으로 보듬어
배추 잎을 묶어 놓고 보니

찬 서리를 온몸에 맞으며
고갱이를 감싸는 내 쓰라린 마음을
배추는 알고 있을까

늦가을 김장철이 되면
소금에 절여진 기죽은 배추잎들
싱싱하던 그 시절 그리워해도

자식은 양념 같은 맛이라
끝내 내리사랑은 변하지 않는다

늘그막에 푹 삭은
세월 속에 절어온 고단한 인생길

이제 고갱이 같은 자식들은
모두 내 품 밖으로 떠나가고
나는 어느새 흰 머리카락 날리며
세상의 찬바람과 혼자 맞서고 있다

서문시장
– 물수제비 골목에서

물수제비 즐겨먹던 그 시절
오늘 다시 서문시장에서 만나네
수제비꾼들 그 시절 생각하며
그때 그 맛 못 잊는 듯
첫사랑 같이 줄을 서 기다리니
나도 추억을 먹으러 뒷줄에 줄을 섰네
감자 썰고 애호박 썰어 띄운
소박한 물수제비
꼬부라진 풋고추 된장에 푹 찍어
잠깐 한 입에 무니
할머니 생각
어머니 생각
시장골목 둥둥 떠다니네
가난에 쫓기던 그 시절 되새기며
삼천오백 원에 허기진 배를 채우니
배도 포만감에 행복해지는
서문시장 물수제비 골목

새가 삼킨 울음

오월 하늘에 붉은 부리의 새 한 마리
어디론가 힘차게 날아가다가
외딴집 유리창에 비친 산그림자를 보고는
그만 숲인 줄 알고 날아들었건만
아, 그것은 거짓사랑 같은 유리벽
작은 몸통이 부딪쳐 땅에 떨어지고 말았다
온몸으로 번지는 육신의 고통
하늘과 땅이 잠시 끊어진 듯 천지가 깜깜한데
유리벽은 그 새의 아픔을 모르기라도 하듯
오후의 햇빛에 반짝이고 있었다
잠시 뒤 부스스 깨어나 하늘로 날아가는 새
한 번 울음을 삼키며 날개를 파닥인다
저 새의 울음에는 무엇이 담겨있을까
다만 그것을 우리는 알지 못할 뿐

눈길 위의 서정

그 겨울 함박눈 내린 길
누군가 먼저 걸어간
큰 발자국의 행렬
그 눈길 위로 걸어 보았다
하얀 대지 위에
점점이 찍히는 나의 발자국
새로운 세계로 나아가는 듯하다
발목까지 푹 빠지는 눈길
뒤돌아보니 종종 찍힌 발자국은
지나온 삶의 흔적을 보는 것처럼
희로애락이 배어 있다
웃음과 눈물이 함께 한 세월
그래도 다시 힘을 내어
이 눈길을 헤치며 걸어가야 한다

오늘을 사랑하며

물은 언제나 아래로 흘러간다
나도 세월을 따라 흘러간다
천지에 길은 여러 갈래로 많은데
어찌하나, 이미 돌아 갈 길은 없다
물은 흘러 바다를 만나고
수많은 물고기들을 제 품에 기르지만
나는 이 길에서 사랑하는 사람들을
하나 둘 잃어간다
이제 막다른 길이 멀지 않았다
마음속엔 사색의 빗줄기가
외로운 나의 마음을 적셔주고 있다
그렇지만 나의 삶은
다시 들꽃처럼 피어나 흔들려야 한다
내겐 기다려야 할 내일이 있고
해는 동녘에서 다시 떠오르므로
마지막 그 순간까지 감사한 마음으로
오늘을 사랑하며 살아가야 한다

기도하며 저녁을

커튼을 열어젖히니
산 너머로 여명이 밝아 오고 있다

그것이 늘 당연한 것이라고
생각하지 말자
달이지고 해가 뜨는 것은
우주의 섭리이지만
이 세상에서 당연한 것은 없다

오늘 하루도 새 아침을 맞이함은
하느님이 내리신 축복이다
이 소중한 하루를
그냥 스쳐 보내지 말고
사랑하고 웃으며 보내야 한다

가을의 황금 들판에
고개 숙인 벼 이삭들처럼
나의 영혼을 알곡으로 가득 채워

풍요롭게 일구어가야 한다

그런 다음 하루의 일을 마치고
밀레의 만종에서처럼
조용히 기도하며 저녁을 맞이하고 싶다

자연법

미루나무 꼭대기에
신혼집 짓는 까치 한 쌍
분주히 날개를 파닥인다
가지 사이의 허공에 길이를 재면서
제 집의 구조를 이리저리 설계하는 것일까
곧 터져 나올 푸른 잎맥의 크기와
넓이를 잘 아는 익숙함
그들의 예측은 한 번도 빗나간 적 없다
바람 불어도 흔들리지 않는 공법으로
쓰러지지 않는 저 집
제 조상들이 짓던 자연방식 그대로
밤에는 한 소쿠리 별을 담아내고
낮이면 초록 햇살 주섬주섬 주어 담아
포근한 안식을 누리는 저 집
흑백의 턱시도를 벗지 않는 그들은
매일 결혼하는 기분일까
오늘 고향집 산막터 가는 길에
까치 부부의 새 집을 보면서
호된 시집살이 했던 나의 신혼방을

그 위에 겹쳐 떠올려본다

꿈의 은신처

1
물안개 피어나는 고향 성주댐
고희古稀 넘어 걸어온 내 삶도
저 깊은 고요를 치마폭에 담을 수 있을까

물 아래 저린 발 딛고 서있는
저 한 마리 왜가리
먼 길을 걸어온 외로운 시인을 닮았다

2
맑은 수면 위에 내려앉은 저 별들
원고지에 쓰인 주홍빛 언어들처럼
절반은 아름다운 문장이 되고
나머지 절반은 왜가리 울음이 된다

산자락 길게 물을 에워싸고
별빛이 반짝이는 저 고요한 수면은
누구의 꿈을 가둔 은신처인가

제2부

산정 호수

바위들이 찢어진 산 계곡
가랑이 갈라진 그 아픈 곳에
물은 아래로 흘러오다 산돌에 멍들고
이리저리 부딪쳐 얼마나 구토를 했을까
돌칼에 온 몸 베인 상처
산전수전 겪은 저 호수의 물을
한 움큼 퍼 마시면 단내가 나리라

인고忍苦로 물의 마음은 강하고 강해져서
더 고요해지는 호수
저 침묵의 맑은 수면은
누구의 마음속을 훤히 비추려고
밤에도 저렇게 별빛 아래 누워있는가

고령, 대가야에 들다

흰 뼈마저도
흙이 되는 까마득한 세월
발굴의 솔질에 다시 깨어난다

살다가 묻힌 자는
세상 밖으로 나오려는지
백골로 누워 있다가
가지런한 잇바디 다물지 못한 채
할 말이 있다고
푹 꺼진 눈으로 나를 올려다본다

대가야의 바람이 스쳐가고
불현듯 그날의 울고 웃는 소리도
저 언덕 너머 아련히 들려오는 듯하다

오래 삭으면 고요가 되는가
오로지 기나긴 침묵만이
가야인들의 무덤을 감도는데

문득 우륵이 켜는 가야금소리에
풀잎들이 귀를 기울이는 것 같다

바닷가 노숙자

거센 파도에 해초들이 밀려나온다
붙어 있던 벌레는 그만 떨어져 나가고
물살에 멀미를 몇 번이나 했을까
어지럽게 기어 나온 모래밭
바다벌레는 파도에 이리저리 깎인
험한 해변 길을 아프게 걸어간다

삶을 잃은 벌레는 어디쯤에 정착할까
언제쯤 바다에 다시 발을 붙일까
노숙의 하루가 길고 목숨이 어둡다
뭍에도 물에도 가지 못하는데
날름대는 것은 억센 파도의 혓바닥뿐

술 취한 듯 갯벌에 내동댕이쳐져
빈 소주병 속으로 바람을 피하려고
기어들어 가는 노숙자
하루의 지친 몸을 오늘도 쉬어 가려나보다

굳센 믿음 하나로

이 가을 소슬한 바람이
메마른 잎새의 동공 안쪽으로 파고든다
곧 땅으로 떨어질 듯
얼마 남지 않은 생의 길목에서
나의 시야도 그렇게 희미하게 흐려지고
눈동자는 제 길을 찾으려 하지만
다시 흐려진다
그럴 때면 생각이 뒤엉켜
조용히 떨어지는 나뭇잎을
마음에서 쓸어내리며 속울음을 삼킨다
삶은 언제나 기쁨과 슬픔의 그 자리
이제 곧 겨울이 와서
나뭇잎들이 흰 눈에 덮일 때가 되었다
나도 겨울산에서 바위 하나가 되어
바람소리 쩡쩡 드세게 울지라도
당신에게 모든 것을 맡기며
굳센 믿음으로 기도하며 살고 싶다

눈을 밟으며

세상이 너무 어지러워
거꾸로 매달려 보았다
머리를 거꾸로 해봐도
땅은 땅이요 하늘은 하늘일 뿐
모든 것은 제 섭리에 따라 움직였다
참새 떼가 무리를 지어
천방지축 지축천방 조잘대며
먹이를 찾고 있는 둘레길
아침 눈길을 밟으면
걸음마다 뽀드득 뽀드득
어금니 가는 소리가 들린다
어지러운 세상을 하얗게 덮어주는
저 자연의 질서
새하얀 눈이 유리처럼 빛난다

떠돌이의 하루

여느 때는 사랑을 받다가
마침내 내버려지는 애완견
잘린 꼬리만큼 더 아프게 된
삶의 무게로 이리저리 떠돌고 있다
온종일 돌아다녀도 헛헛한 허기 뿐
짧아진 꼬리로
붉은 노을이라도 흔들어 보고 싶다고
뜨거운 눈으로 나를 올려다본다
유랑자의 지친 몸
굶주린 배를 채우기 위해
골목길 쓰레기 더미를 뒤적이다가
찾아낸 닭 뼈 하나
이빨로 물어뜯으며 잠시 허공을 바라본다
타오르는 저녁노을
그림자처럼 길게 드리우면서
겁에 질린 그의 눈동자를 비출 뿐

대숲 앞에서 시를 생각하다

등솔기에 바람결만 스쳐도
너는 화르르 날개를 펼친다
마디마디 연聯 구분된 곳에
돋아난 잎사귀들
바람이 불자 시의 언어들처럼 흔들린다

네게 묻노니
속을 둥글게 비우면 내 가슴에도
눈부신 시 몇 행을 품을 수 있을지
사시사철 푸르른 잎에서 뿜어 나오는
곧은 시작법詩作法이 위품이 있구나

낮에는 붓으로 사군자 대숲을 치고
벽에 걸어 놓은 것이
밤새 내 꿈을 일으켜 세운다
뿌리째 시의 바람을 타고
어느 먼 하늘을 건너왔을까

대숲에서 시의 향기를 느낀다

누구의 생을 올곧게 바로 잡아주는가
바람에 흔들이는 대숲을 바라보며
내 마음 담긴 시의 원고를 매만진다

보내고 기다리며

12월, 마지막 남은 달력 한 장을 본다
나뭇가지에 매달린 마른 잎 하나처럼
시간 속에서 조용히 흔들린다
달력을 흔드는 것은 세월의 바람
나를 흔드는 것은 한 생애의 바람인가
또 보내야 하는 한 해의 아쉬움
감사하게 보내고 기도하며 새날을 맞이하자
시간이 너무 빨리 흘러가 안타깝지만
다행이도 삶이란
우리에게 새해라는 나무 한 그루를 건네준다
봄이 오면 응달의 언 땅도 풀리고
그곳에 새싹을 틔워 초록 세상을 물들이다가
여름엔 무성한 잎으로 새들을 불러 모으리
가을엔 고운 단풍잎으로 사랑을 물들이다가
겨울엔 눈꽃으로 세상을 아름답게 하리라
마지막 남은 달력 한 장
기도하며 새해를 설렘으로 맞이하고 싶다

새벽 바다에서

밤하늘 별들이 떨어져
바다 정원이 되었나
정겨운 사랑 같은 작은 섬, 섬들
잔잔한 물결
욕망의 파도도 일어나지 않네
먼 해돋이, 노을이 물드는 새벽 녘
갈매기는 높고 낮은 화음으로
빛을 나래에 싣고 와 바다노래를 부르네
끝없는 물이랑들이 모였다 흩어졌다
제 품에 감춘 사랑을 갯바위에 부려놓듯
새벽 바다는 그리운 소리로 가득하네
해풍에 젖은 방풍림들이 부르는
시원한 합창 소리도 들리네

소들의 푸른 꿈

여름 햇살 뜨거운 곳
풀이 수북이 자란 들길을 걸으면
소가 그리워진다
지천에 깔린 푸른 먹이 제쳐 두고
요양병원 같은 사육장에서
사료 먹는 소 떼가 마음에 안쓰러워
내 발길이 무겁다

얼마나 저 들판으로 가고 싶을까
풀내음 물씬 풍기는 언덕으로
뛰어가고 싶은 저 소들은
가두어놓은 사각의 감옥에서 시름 중이다

음메~ 울음은 옛날 그대로인데
트랙터에 밀려 일감을 잃어가는 소나
늙고 병들어 요양원에 버려진 노인들이나
처지는 별반 다를 것이 없네

잃어버린 저 푸른 들판으로

저 소들은 얼마나 돌아가고 싶을까
오늘도 울음 삼키며
소 떼와 노인들은 낡은 감옥에서
모래밥알만 함께 씹고 있다

물풀을 위하여

비가 퍼 붓는다
실개천 물이 불어나고
연약한 물풀의 가녀린 목까지
빗물이 덮어 버린다
가뭄에 목 타던 물풀들
그것이 사랑인 줄 알고
황톳물의 품속에 잠긴다
이윽고 비가 멈추자
나는 그 개천가로 가보았다
거센 물살은 큰 강으로 떠나버렸고
흙탕물 뒤집어 쓴 채
물풀들은 이리저리 꺾인 몸으로
쓰러져 누워있었다
풀의 가슴은 상처투성이
언제나 바로 설 수 있을지
나는 조심스레 흙을 털어주었다

물 따라 흘러가며

사람은 나이가 들수록
자연을 읽을 줄 알아야 하네
풀꽃 한 송이 앞에서도
가슴 떨리며 감동할 줄 알아야 하네
왜 살아가느냐?
따뜻한 마음이 필요하기 때문이지
완벽을 치닫던 지난 삶도
이제는 모두 흘려보내고
자신을 묶은 속박의 굴레도
훌훌 벗어 던져야 한다
물 흐르는 데로 마음 가는 데로
오늘 하루에 감사하며
시래기 된장찌개 같은 사람으로
이제 그렇게 살아가고 싶네

고비사막의 낙타같이

먼 바다를 항해하며 살아온 나
깊은 밤 적막 속
홀로 배 위에 서 있고
나는 한평생 노저어온 뱃길을
뒤돌아본다
별이 내려앉은 바다
그대가 날 기다리며
별빛 등불 들고 서있을 것 같은데
간간히 뱃머리에 부딪치는 파도는
당신의 거친 숨소리인가
얼마나 비바람을 맞으며
힘들게 떠나온 여행이더냐
고비사막의 낙타보다
더 무거운 짐을 지고
나는 울부짖는다
당신 떠나보내고
내 마음 달래려고
이름 모를 어느 섬에 흘러와

당신을 끝내 붙잡지 못한 죄
거센 파도가 되어 내 가슴을 때린다

왜가리의 속울음

비가 오면 무을 계곡에 손님이 찾아든다
날아온 왜가리들은 산다는 것에
무슨 의미를 찾고 있을까
늦도록 외다리 '?'로 서있다

밤새도록 비는 내리고
그들은 아직도 먹이를 기다리고 있는 것일까
고달픈 야생의 길을 찾아
날개마저 없다면 더 초라해질 것 같은
너의 긴 외다리
먹이 찾는 눈길 날카롭지만
물속 그림자는 흐리기만 하다

시린 목울대로 비를 맞으며
산다는 것이 그리 쉬운 일이더냐
비는 계속 주룩주룩 내리는데
너는 속울음을 참는 듯
하염없이 물가에서 기다리고 있구나

단풍

누가 저 가을 단풍을
아름답다고 하는가

잎새마다 애끓는 사연 품고
영원한 이별을 해야 할 아픔에
남모르게 통곡하며 흘리는
한 움큼 피눈물인데

외로운 순례

별빛 내려앉는 소렌토의 바다
속살대는 이방의 도시가 마음을 두드리지만
나는 알아들을 수 없는 귀머거리
타국他國이 건네는 밀어를 모르는
먼 머언 나라에서 날아온 순례자

소렌토 항구에 펼쳐진 하늘
바람은 별을 퍼 올려 뭍으로 건져 내고
흰 구름 사이에서 파닥이며
나는 깃털 하나 떨어뜨리며 날아가는
붉은 부리의 새가 된다

별빛이 보석같이 쏟아질 때
나는 침실의 커튼을 열어젖히고
작은 촛불 하나 밝히며
지나온 삶을 위해 기도하고 싶었다

외로운 이방의 땅

고단한 순례는 아직 끝나지 않았지만
조용히 별들을 바라보며 성호를 긋는다

제3부

가을 단상

뜨거웠던 너의 눈빛
이제 시간의 깊은 곳으로 식어간다
그 가슴에 들끓던 사랑도
떨어지는 잎과 함께 붉어간다
바람의 손끝이 얼음처럼 차가워지더니
나뭇잎들 우수수 떨어져 울고 있다
이 가을,
나의 영혼은 어떻게 물들고 있나
지상의 마지막 시간에
나는 또 어떤 노래를 혼자 부르며
조용히 떠나야 하나

새를 보며

날개를 편다
구름을 뚫고 바람을 가르며
새들은 힘차게 날아간다
저마다 둥지는 제각기 달라도
생에 대한 애착은 모두 하나다
땅에서도 사랑하는 마음이 모두 같다면
세상은 얼마나 평화로울까
새들도 먹이를 다툴 때가 있지만
숲의 주인이 되려고 더 욕심 부리진 않는다
저 자유로운 새들의 날갯짓
공중을 마음껏 누비다가
숲으로 내려와 서로의 부리를 비비고 있다
새들의 즐거운 소리가 넘치는 숲
어느 새 그 위로 아침 해가 솟는다

갈대가 꿈꾸는 시

갈대는 백발을 흩날리며
누구를 기다리나

지나온 시간 속에
그 머리카락 허옇게 세었구나

어느 시인이 잠깐 다녀간 습지
갈대도 시인이 되어 시를 쓰고 있네

스산한 바람이 불어오자
제 머리 끝을 펜으로 삼아
물에 얼비친 제 그림자를 보고
시 한 편을 쓰고 있네

갈대가 꿈꾸었던 것은
바로 가을의 시 한 편이었네

나의 길을 따라

새로 맞춘 돋보기안경을 끼고
거울을 보는 순간
잠시 어지럼증을 느꼈다
내 앞에 지나간 인생길이
그렇게 어지러웠던 것처럼
걸어가야 할 내일의 길에도 안개가 가득할까
사랑을 잃고 걸었던
어두운 길은 먼 곳까지 이어져 있고
그 길을 혼자 거닐며
외로운 마음을 달래고 있다
날마다 걸어가야 할 길
때로는 바람도 많이 불지만
그 바람에 꽃씨라도 날려 오는 날이면
두 손으로 곱게 받아 가슴에 대어보고 싶다
길은 어둡고 험해도
오늘도 나의 길을 따라 천천히 걷는다
천국으로 가는 기쁨의 길이라면
얼마나 좋으랴

어떤 문상

오솔길 걸어가다
노루의 문상객이 되었다

가냘픈 네 다리는
생의 끈을 내려놓았다
그 목숨 부지하느라
먹이사슬 피해 얼마나 헐떡였을까

차가운 무서리가 하얀 수의를 입혀
수목장에 들고 있다

순한 눈망울 내려 감고
야생의 외로움도 죽음의 적막도
다 비바람에 맡긴 채

누구나 마지막 길은
홀로 죽음의 문고리를 그렇게 잡는 것

시의 길을 찾아서

언제부턴가
마음속 시의 길 하나를 찾아 나섰다
산이면 산, 들이면 들
그 무엇에 목이 마른 듯
외롭고 아득한 길이었다

그 길에서 만난
민들레와 개망초꽃들
그들도 시인의 마음을 닮은 듯했다
나무와 푸른 숲들
그들도 시인처럼 대자연 속에서
맑은 숨으로 시를 쓰고 있는 듯 느껴졌다

저 높은 산을 넘으면
잠자고 있던 나의 시심詩心도 다시 깨어나
아름다운 시의 빛깔을 빚을 수 있을까

어느새 원고지가 하나 둘 쌓여가고

나는 창 앞에 앉아 밤하늘의 별들을 찾는다
어릴 적 내 마음을 설레게 한
그 빛나는 별들을

세월 열차

고희古稀라는 역에서 또 다시
세월 열차를 탔다
다음 역은 팔순 역
그리고 숲과 새들이 있는 산수山水 역
산을 지나 터널을 지나
열차는 지금 어디론가 달려가고 있다
차창 밖 시선이 스치는 곳에
귀하지 않은 것이 없네
힘겨워 하는 사람들
나도 무거운 짐을 너무 많이 실었나
속도가 너무 빠르다
인생이라는 강의 물살이 너무 빠르다
오늘 이 순간, 순간이
생의 여정 중 가장 행복한 시간임을
감사하며 살자
무정한 열차는 거침없이 달려가지만

꿈의 낙원

혼자 뒷동산에 올라갔다
한 그루 나무를 지나갈 때마다
정을 주고 이름을 불러주니
나무와 하나가 된 느낌이다
가지 뻗어 서로 손잡은 나무들
그 아래 오솔길에는 모난 돌멩이라도
앙심을 품지 않았다
풀과 나무와 꽃이 서로 어울리는
여기가 바로 별천지인가
굴참나무 한 그루
어쩌다 둥근 옹이의 상처에 진물이 흘러
벌레의 서식처가 되거나
깃털고운 산새들 쪼아대도
그 나무는 너그럽게 웃어준다
흰 구름 흘러가다 잠시 멈춘 곳
복사꽃잎에 어지럽게 날고 있는 꿀벌들
지저귀는 산새들이 함께 어울리는 이곳은
정녕 꿈의 낙원이던가

상수리나무 숲에서

가을이 오면 저 상수리나무는
잎과 열매를 지상에 떨어뜨리며
모든 것을 내려놓고 있다

사느라 옥죄이던 집착의 온갖 끈
이제는 나도 내려놓아야 할 때
야단법석 다 풀어놓으니
내 마음 우듬지까지 올라가
하늘이 훤히 보이는 것 같다

바람이 스쳐가자
발아래서 뒹굴고 있는 무수한 낙엽들

상수리나무여,
네가 몸 낮추는 것을 나는 보았느니
기꺼이 비움이 이루어지는 그 곳으로
나도 머지않아 되돌아가야 한다

버림과 비움

이삿짐을 정리하다가
몇 년 동안 쓰지 않은 것들을
재활용 용구에 넣는 순간
불현듯 앞으로의 인생길이 생각나서
그 불안한 길이 환해짐을 느꼈다
한 번도 걱정하지 않아도 될 일을
괜스레 걱정하며 살아왔구나
버려도 아무 염려 없었을
생의 무거운 짐을 지고 살아왔구나 하고
후회가 되었다
내 가슴에 꽉 채운 온갖 번뇌들
그 동안 얼마나 무거워 힘들었을까
이제는 나의 집도 내 마음도
조금씩 비우며 살아가야겠다
가벼우면 높이 날 수 있다고 하듯이
남은 시간도 무겁게 살진 말아야지

영혼의 고향

산으로 가는 길
팔 벌리고 반겨주는 나무들에게
무언의 감사를 전한다
세상 근심 다 받아 안아주는
나무의 무한한 포용력
산은 어머니 품속이다
사람들을 위해 이 땅에 미리 뿌리 내려
기다려 주는 저 나무들
머언 훗날
나의 옷이 너무 낡아 입지 못하고
숨결마저 멈춰지면
마지막 가는 길
고운 옷 한 벌 주기 위해
나무는 푸른 잎들을 온몸에 매달고
싱그럽게 서있는가
그 어느 날
홀가분한 몸으로 산으로 돌아가는 날
새들이 햇살을 나래에 가득 싣고

가장 아름다운 목소리를 허공에 퍼뜨릴 때
나도 영혼의 고향으로 날아가겠지

시간의 칼날
– 그리운 어머니

산다는 것은 한평생
시간의 사슬에 묶였다가
끝내는 세월 앞에서 풀잎같이 쓰러지는 일인가
그것이 인생이라면
나는 시계를 사지 않겠다

매 순간
조금씩 뜯어 먹히는 시간의 살점들
시계가 시간을 먹고 시간이 시계를 삼키면
시계바늘은 망나니가 든 쌍칼이 아닌가

그리운 이들을 쓰러지게 하는 칼날
어머니의 얼굴과 마음에도 칼자국이 깊다
시간이 휘두르는 그 무서운 칼
산 자들의 은신처는 어디인가

어딘가 풀숲에나 숨으려 해도
시간의 톱니바퀴는 쉼 없이 굴러갈 뿐
어느 곳으로 어머니는 가셨는가

어느 곳에 어머니가 떨군 눈물방울이
시간의 그늘에 숨어 있는가

푸른 솔의 품
– 어머니의 사랑

솔씨 하나 바람에 날려 와
바위의 숨구멍에 점차 싹을 틔우다가
모진 풍우 견디며 홀로 푸른 소나무로 자랐네

세차게 산바람이 불어와도
튼튼한 뿌리 뻗어 흔들리지 않고
큰 그늘을 드리우며 세상을 껴안고 있네

그 소나무 작은 솔방울과 솔잎들을 품듯
어머니는 올망졸망 어린 자식들을 가슴에 안고
한평생 비바람을 막으며 먼 길 걸어오셨네

비바람 내리쳐도 푸른 기개 꺾이지 않고
자식들을 위해 바친 쓰라린 세월
오로지 거친 주름살로 당신 생을 불태웠네

때로는 긴 가뭄에 시달려온 이 땅
쭉정이 같은 솔방울과 솔씨가 될까봐
어린 자식들을 위해 땅속 깊이 물줄기를 찾아

언제나 뿌리를 힘차게 뻗어가셨네

무소의 뿔처럼
– 어머니의 유언

홀로 세상 떠나가는 길
너무 두렵고 번민에 사로잡힐 땐
무소의 뿔을 닮으라고 했으니
당신의 가르침은 헛되지 않아요

속울음 삼킨 한 생애의 눈물로
내년에 입으려나 하시며
하얀 모시적삼 곱게 곱게
포개어 놓고 떠나가신 당신

그해, 가을이 올 무렵
지상의 숨소리 멈출 그 순간
얼굴은 하얀 목련꽃이었어요
그 얼굴 위에 당신의 아들, 딸들이
세상에서 가장 뜨거운 눈물 뿌렸지요

살아생전 끼고 있던 금반지를
나 죽으면 시중들던
옥수를 줘야지 하시던 것이

당신의 손가락에 유언으로 남아
샛별처럼 반짝이고 있었죠

강물 같은 사랑
– 어머니를 추억함

젊을 땐 몰랐습니다
어머니가 이렇게 소중한 줄을
열 달을 한 몸으로 살다가
두 몸으로 분신된 것을 알면서도
그 강물같이 넘치는 사랑을 몰랐습니다
바위를 깨는 아픔으로
내가 세상에 태어난 것을
알면서도 그 고통을 잊고 살았습니다
내 나이 이제 칠십 령 고개 넘으니
당신의 거룩한 희생을 알게 되었습니다
어머니, 이 불효여식은
늦게야 뉘우치며 한탄합니다
당신은 내 가슴에 화로 같은 온기를 남기고
차가운 땅속에 흙으로 돌아가셨습니다
그 눈물겨운 자식 사랑
평생 가슴에 그리며 살아가렵니다

제4부

노을 장작불

서산 하늘 들끓고 있는
저 시뻘건 불덩이
온종일 무한창공을 돌아온 태양은
들녘에 고마운 햇빛을 내려주고
이제 배가 고픈 듯하다
밥이라도 짓는 것일까
거대한 하늘 무쇠솥에
장작불을 저렇게도 지피며
밥을 끓이나보다

장미와 시

얼마나 뜨거웠던가
시간이 내 속에 붉게 물들기까지

뒤돌아보면 그것은
피의 울부짖음이었다

불거져 나온 꽃보라
펑펑 터뜨려지면서
바람에 흔들리고

잎맥 손잔등 위로
햇빛이 또 눈부시게 비출 때
허공에 뜬 낮달 하나
꽃잎들을 물끄러미 바라보고 있다

가슴은 뜨겁기만 한데
나는 빨갛게 핀 장미
오월은 그렇게 한 편의 시였다

꿈이 열리는 성주

내 마음 깊은 곳엔
언제나 그리운 고향 산천이 있네
선한 눈동자 순박한 사람들
밭일을 마치고 노을빛 안고 와서
마당에 한 아름 풀어놓지
멀리서 흘러오는 포천계곡의 물줄기
이천伊川을 따라 굽이굽이 흐르고
성밖숲 왕버들도 덩실덩실 춤을 추네
가야 문화의 찬란한 빛이 서린 곳
언제나 숯불처럼 따스한 인정이
사람들마다 피어오르는 내 고향
가야산 맑은 숨결 속에 모두가 힘을 얻네
저마다 둥근 꿈을 참외처럼 똑똑 따며
세월의 바구니에 가득 담아보네

수성못에서

그해 일제 강점기
눈물겨운 보릿고개 넘으려고
물 가둔 저수지
메마른 들판은
목을 축이기 시작했다

말라버린 논바닥 안타까워
가난하고 지친 사람들
하늘 쳐다보며 비를 기다렸다
논에 물을 흠뻑 대주면서
저수지는 제 할 일을 다 했다

이제 세월이 흘러
저수지는 면모가 달라졌다
허물어진 둑은 단장되고
꽃길로 새 옷이 입혀지고
휘황찬란한 불빛들이
둑길 너머 사방을 에워쌌다

사람들은 둘레길을 거닐면서
자유와 사랑,
빼앗긴 들의 봄을 만끽한다

고송古松

선산先山 양지 바른 곳
푸른 기개 뽐내며 서 있는
소나무 한 그루
바람과 눈비 속
긴 세월을 혼자 버텨오며
깊은 명상에 잠겨있다
조각조각 터진
소나무의 거친 외피들
고승의 남루한 옷 같다
어디선가
주장자拄杖子* 치며
한 말씀 쩌렁쩌렁
산울림으로 울려오는 듯하다

* 수행승들이 지니고 있는 지팡이

낙엽의 사랑

낙엽을 밟을 때
부서지는 소리는
낙엽이 살아 있다는 것이다
떨어졌다고 죽는 것은 아니다
낙엽은 다시 새 삶의 길을 꿈꾼다
발길에 밟힐 때마다
아프게 울고 있는 마른 잎들
저마다 몸을 바쳐 조용히 상해가면서
낙엽은 그렇게 겨울의 고통을 견딘다
땅에 흩어져 온몸이 부서질수록
봄에 눈 뜰 숲의 새싹들을 위하여
거름이 되고
사랑이 되고
새 생명을 주기 위해 아픔을 견딘다

아리랑 고개

아리랑 아리랑 아라리요
살아온 인생 고개 몇 고개더냐
어느 해는 흉년들어 보릿고개
일제 치하엔 설움고개
육이오 전쟁 때는 이별고개
한평생 살아보니 힘든 세월고개
마지막 올라야 할 이승의 숨찬 고개
그 고개 너머 너머로
이 한 몸 어디로 갈 거냐
민들레 홀씨가 저 들판으로 날아가듯
이 몸은 또 어디로 갈 것이냐

등불 하나
– 시인 윤동주

창문 밖에는 눈이 내리고
육첩방 시린 곳에 홀로 앉아
순결의 피 끓여 어둠의 시대를 밝힌
젊은 시인이여!
바람 앞에 가물거리는 조국의 등불에
다시 심지를 꿋꿋이 돋우며
가슴 깊은 곳에서 조용히 토해낸
눈물에 젖은 시어들
오늘 이 땅에 눈부신 꽃으로
다시 피어났습니다
당신의 위대한 희생은
한 마리 어린 양처럼 제단에 바쳐진
사랑의 고귀한 제물입니다
그대, 쓸쓸히 걸어간 어두운 저 길
높이 달아놓은 그 시의 등불 하나가
이 땅 먼 곳까지 비춰주고 있습니다

바위에 핀 꽃
– 논개

그 꽃은 목말랐다
조국의 위기에 목이 탔다
휘영청 달 아래
속눈썹에 숨긴 비수의 칼날
왜장을 끌어 앉고
남강에 몸을 던진 여인이여!
세월은 강물 따라 흘러도
충절은 만고에 푸르러
그대 영혼 벽화에 새겨져있네
그 열정은 아직도 활화산 같아
저고리 고름마저 떨고 있구나
앞섶에 나의 손 잠시 얹어보니
거룩한 희생 논개의 드높은 정신
뜨거운 숨결 소리로 들린다

소지 한 장 올리며
– 연평해전 희생 용사들께

애달프다
백령도 앞바다
대한의 사나이들 바다가 좋아
바다로 떠난 젊은이들
그대들 빨간 부표 하나 남기고
어디로 갔단 말인가

이 꽃망울 맺힌 삼월에
채 피어보지 못한 꽃들
꽃망울 점점이 떨어진 그 자리에
피울음 토해내는 파도소리만
하늘로 울려 퍼진다

대한의 건아들이여
어느 좋은 날 이 나라 산하에서
다시 무궁화꽃으로 활짝 피어나소서
조용히 무릎 꿇고
그대들 그리워하며 소지 한 장 올립니다

백제의 꽃잎들

먹구름 사비성으로 몰려와
가녀린 등불로 사직이 흔들리던 그 날
삼천 개의 꽃잎은 백마강으로 우수수
떨어지고 말았다

무수한 꽃송이 떠내려간
백마강 여기저기엔
꽃잎보다 더 붉은 울음소리 잠겼다

망국의 한이 쓸쓸히 묻어나오는
고란사 절벽은
제 그림자 물속에 드리우며
묵묵히 지나간 시간을 되새긴다

비바람 품속에 모두 껴안고
천 년을 침묵으로 버텨온 바위
저 낙화암에 그 날의 슬픔 아로새기면
가련한 혼령들 감은 두 눈을 뜨는 것 같다

무상한 세월이여
백마강 푸른 물결에
먼 하늘 울음소리 되살아나는가

그대들 꽃신 다시 곱게 신고
바람 따라 구름 따라 부소산성 낙화암에
다시 들꽃으로 피어나소서

당신의 기척

당신이 올 것만 같아
대문을 열어 두었습니다

경계도 없이
훨훨 눈처럼 오실 것만 같아
하늘을 자꾸 바라봅니다
댓돌 위에 소복이 내려앉은 흰 눈
당신의 하얀 고무신인 듯 눈부십니다

그렇게 일찍 떠나실 줄 알았다면
한 백년 할 말을 남겨놓지 않고서
모두 당신의 가슴에 심어 드릴 것을
때 늦은 후회로 가득 합니다

당신이 누운 봉분을 하얗게 덮고 있는
눈 내리는 이런 날은

그래요, 밤을 지새우며

당신과의 추억을 얘기 할래요

(속삭이고 싶어요)

당신을 꿈에서 만나요

생명의 시간은 짧은 가요
당신을 사랑하기에도
부족한 이 인생길
나는 삶의 이 길 위에서
온갖 세상살이로
엎치락뒤치락 했지요

욕심의 마음 그릇은
작을수록 풍요롭고
베풂의 그릇은
클수록 행복한데

당신이 내게 주신 사랑을
부족하다며 나는 늘
목말라 했지요

당신 떠나고 이제 와서
그 작은 사랑이 너무나

소중했다는 걸 깨달았을 때
당신은 밤마다 꿈속에서
나를 찾아주었지요

당신을 기다리며

마지막 담배 한 개비 피우고
바람처럼 떠나간 당신
꽃은 대지 위에 활짝 피어나는데
이 봄에 당신도 꽃소식 타고 오시렵니까
다시 돌아오신다면
밤마다 당신 생각으로 지은
옷 한 벌 다림질해놓고 기다리렵니다
혹시나 녹지 않은 눈길을
맨발로 차갑게 걸어오신다면
따뜻한 털신 들고 기다리렵니다
그 영혼 라일락 향기 따라
하얀 나비의 날갯짓으로 오시렵니까
당신 진정 내게 오신다면
대문 활짝 열어놓고
등불 환히 밝히며 기다리겠습니다

큰 나무가 되어다오
– 손주의 첫돌에 부쳐

영혼이 맑은 아가야
이 땅에 첫 울음 터뜨리던 날
가을 햇살은 금물결 같은 희망의 빛이었단다
그날, 엄마의 심장에 알몸으로 귀를 대어
세상에서 가장 아름다운 샘물소리를
엄마의 젖가슴에서 들었으리라
그 물은 수없이 퍼내어도 사랑이 마르지 않는
천륜의 샘물이란다
아가야, 걸음마 한 발 한 걸음 내디디려고
무던히 애쓰는 너의 몸짓
먼 훗날 큰 나무가 되어다오
삶에 지친 사람들에게 그늘을 주고
새들의 작은 날개도 쉬어가게 하는
깊은 마음의 넉넉한 나무가 되어주렴
눈이 해맑은 아가야
젖내 나는 엄마 품에 얼굴을 비비듯이
어른이 되어도 그 순수한 마음을
결코 잊지 말아다오

작품 해설

유성호
(문학평론가, 한양대학교 교수)

■ 작품 해설

영원한 사랑의 마음을 담아내는 곧고 맑은 서정시
– 주설자의 시세계

유성호(문학평론가, 한양대학교 교수)

1. '사랑'과 '신앙'과 '시'라는 세 차원의 기둥

주설자(朱雪子) 시인의 신작 시집 『나그네의 기도』는 시인 자신의 삶을 떠받치고 있는 '사랑'과 '신앙'과 '시(詩)'라는 세 차원의 기둥을 통해 "인생에서 남는 것은 기도와 사랑뿐이라는 것을 뒤늦게 깨닫는"(「시인의 말」) 과정을 수미일관하게 들려주는 진중하고도 아름다운 인생 고백록이다. 아닌 게 아니라 시인은 '사랑'과 '신앙'을 뚜렷한 기저(基底)로 하여 자신의 존재론적 기원(origin)을 깊이 상상하고 구성하면서 '시'를 써간다. 그만큼 주설자 시인은 서정적 발화 안으로 발화 대상과의 흔연한 일체감을 형성하면서, 현실에서는 불가능한 일종의 존재 전환을 하나하나 실현해간다. 일상적이고 물리적인 현실을 벗어나서 전혀 다른 마음의 차원으로 한껏 도약해간다. 이러한 전환과 도약을 가능하게끔 해주는 존재 생성의 순간이야말로 주설자 시인의 '시쓰기'가 불러오는 가장 빛나는 국면이 아닐 수 없을 것이다. 물론 시인이 대상과 확연한 일체감을 형성할 수 있었던 것은 언어 안에 간직된 '사랑'과 '신앙'이라는 힘에 가장 커다란 원인이 있을 것이다. 그렇게 이루어진 그만의 경험과 기억은 무한한 상상적 확장을 통해 2인칭을 향해 한없이 그 권역을 넓혀갔다가 다시금 자기 자신을 향해 궁극적으로 회귀해 들어오는 일관된 과정을 밟아간다. 그것은 아마도 영원한 사랑의 마음을 담아내는 곧고 맑은 서정시의 세계일 것이다. 이제 이 글은 이러한 자기 회귀성과 그것의 확장 그리고 궁극적 자기 발견의 과정으로서의 '시쓰기'를 아름답게 보여준 주설자 시인의 시세계를 한 걸음씩 따라가 보려고 한다.

2. 불가피한 존재방식으로서의 '사랑'

원래 인간은 시간이라는 물리적 흐름 속에서만 자신의 존재 형식을 유지하고 완성할 수 있다. 사실 모든 생명체의 생멸 과정이 시간 개념 위에서만 가능한 것이 아니겠는가. 그래서 초(超)시간성이라는 것은 인간이 상상하는 불가능한 꿈의 잔영(殘影)일 뿐이다. 이렇듯 인간은 시간 안에서 자신을 규정하고 확장해가는 철저하게 시간 내적 존재이다. 그런데 인간은 객관적이고 물리적인 시간 속에서 살지 않고, 저마다 고유한 주관적 시간 속에서 실존을 부여받는다. 인간에게 시간이란, 선험적이고 객관적인 물리적 실체로서 주어지는 것이 아니라 저마다의 경험과 주관 속에서 재구성된 어떤 것이라는 뜻이다. 이러한 시간 개념은 분절적이고 직선적인 근대적 시간 의식과는 전혀 다른, 고유한 실존적 시간 의식을 우리에게 선사하게 마련이다. 주설자 시인의 시세계 역시 생명체들이 가진 유한자(有限者)로서의 불가피한 한계를 힘껏 품으면서, 고도로 함축된 언어를 통해 그러한 실존적 순명(順命)의 흐름을 잘 보여준다. 그 방법론은 다름 아닌 '사랑'인데, 이때 시인의 언어는 서정시의 가장 본원적인 원리로 차근차근 수렴되어간다. 주설자 시집에 나타난 '사랑'의 언어에 한번 귀기울여보자.

> 별은 언제나 그 자리에 떠 있다
> 다만 여명의 빛에 가려져
> 먼동이 트면 보이지 않을 뿐이다
> 사랑하는 이 마음도
> 내 가슴 깊이 그대로 새겨져 있다

> 단지 흘러가는 시간의 그늘에 가려져
> 내 심중에 묻혀 있을 뿐이다
> 어두워져야 별이 빛남을 알듯이
> 세월이 흘러간 뒤
> 더 소중한 사랑이 빛나고 있었음을
> 비로소 깨닫게 되리라
> 오늘도 밤하늘엔 별이 뜬다
> 저 아름다운 뭇별들
> 나의 사랑이여, 그렇게 영원히 빛나라
>
> ―「영원한 사랑」 전문

여기서 '별'은 낭만적 사랑의 심상으로서 항심(恒心)과 항산(恒産)의 상징으로 등장하고 있다. 비록 먼동이 트면 여명이 비추는 빛에 가려질 운명이지만 언제나 한 자리에 떠서 지상을 비추고 있기 때문이다. 주설자 시인 자신의 "사랑하는 이 마음"도 별처럼 "가슴 깊이 그대로 새겨져" 있어서, 시인은 그 별빛을 선명한 표지(標識)로 삼아 "흘러가는 시간의 그늘"을 건너가고 있다. 마음에 묻혀 있는, 어두워져야 비로소 빛나는 '별'은 그대로 시인의 존재론이 되는 것이다. 그렇게 숱한 세월이 간단없이 흘러간 뒤에 시인은 "소중한 사랑이 빛나고" 있던 시간과 오늘도 밤하늘에 뜬 '별'처럼 자신의 사랑이 영원히 빛날 것임을 천천히 알아간다. 어쩌면 그 순간, 시인 자신도 "저 아름다운 뭇별들"처럼 "영원한 사랑"에 빠질지도 모를 일이다. 그렇게 주설자 시인의 마음에는 "민들레 홀씨가 저 들판으로 날아가듯"(「아리랑 고개」) 하는 모습으로 "언제나 / 들꽃 향내가 풍겨"(「천리향나무」) 나는 사랑과 함께, 바로 그 "영원한 사랑을 나타내는"(「화살나무꽃」) 언어적 광채가 깊이 서려 있다 할 것이다. 다음은 어떠한가.

> 마지막 담배 한 개비 피우고
> 바람처럼 떠나간 당신
> 꽃은 대지 위에 활짝 피어나는데
> 이 봄에 당신도 꽃소식 타고 오시렵니까
> 다시 돌아오신다면
> 밤마다 당신 생각으로 지은
> 옷 한 벌 다림질해놓고 기다리렵니다
> 혹시나 녹지 않은 눈길을
> 맨발로 차갑게 걸어오신다면
> 따뜻한 털신 들고 기다리렵니다
> 그 영혼 라일락 향기 따라
> 하얀 나비의 날갯짓으로 오시렵니까
> 당신 진정 내게 오신다면
> 대문 활짝 열어놓고
> 등불 환히 밝히며 기다리겠습니다
>
> ― 「당신을 기다리며」 전문

주설자 시인이 헌신적으로 기다리고 있는 2인칭 '당신'은 시인에게 "마지막 담배 한 개비 피우고 / 바람처럼 떠나간" 기억을 남겼다. 여기서 시인은 대지 위에 활짝 꽃 피는 봄에 '꽃소식'을 타고 다시 '당신'이 돌아온다면 "밤마다 당신 생각으로 지은 / 옷 한 벌 다림질해놓고" 기다리겠노라고 고백한다. 활달한 여성적 감수성과 오랜 기다림의 마음이 결속하여 만해(萬海)의 어법과 시상(詩想)을 계승한 흔적을 남겨놓는 순간이다. 다시 시점(時點)을 바꾸어 이번에는 '당신'이 맨발로 눈길을 걸어온다면 오래 공들여 만들었을 "따뜻한 털신"을 들고 기다리겠다는 시인의 말에는 '영원한 사랑'에 대한 믿음과 의지가 하염없이 출렁거리고 있다. 그렇게 '당신'의 영혼은 라일락 향기 따라 올 것 같기도 하고 하얀 나비의 날갯짓으로 올 것 같기도 하다는 믿음이 시인의 마음에는 있다. "대문 활짝 열어놓고 / 등불 환히 밝히며" 기다리는 시인의 마음은 그렇게 '당신'을 향해서만은 '활짝 / 환히' 열려 있는 것이다. 이는 마치 "댓돌 위에 소복이 내려앉은 흰 눈"(「당신의 기척」)에서도 '당신'을 발견하거나 "하얀 대지 위에 / 점점이 찍히는 나의 발자국"(「눈길 위의 서정」)으로 '당신'을 맞을 간절한 기구(祈求)를 할 것 같은 시인의 모습을 차곡차곡 만나게끔 해주는 결실인 셈이다.

이처럼 주설자 시인은 가득히 밀려오는 사랑의 마

음을 심미적으로 그려낸 열정의 화폭을 우리에게 활짝 열어 환하게 보여준다. 시인은 시집 전체를 관철하는 힘이자 빛이자 존재 형식으로서의 '사랑'을 산뜻하게 상정하고 그것을 일관되게 미학적으로 완성해간다. 인간이 가지는 고유한 욕망의 형식인 사랑은 이때 가장 헌신적인 시간을 담아낸 그리움으로 옷을 바꿔 입게 된다. 근본적으로 충족 불가능한 것이 사랑의 욕망일 터이지만, 우리는 그의 시를 통해 시인이 숙명적으로 가질 수밖에 없는 불가피한 존재방식으로서의 사랑을 흔연하게 만나게 된다. 자신의 삶을 가능케 해준 대상을 마음 깊이 호명하고 갈망하는 사랑의 형식에 수미일관 빚지고 있는 그의 시는 흔치 않은 진정성의 고백을 수반하면서 이렇게 사랑의 열도와 밀도를 한껏 보여준다 할 것이다.

3. 원형적이고 훼손되지 않은 기억과 그리움

주설자 시인은 시집 『나그네의 기도』에서 자신의 발원지이자 기원으로서의 '어머니'와 '아버지'를 먼 기억으로부터 호출한다. 물론 부모님이나 고향이나 유년 시절 같은 근원적 회귀점에 대한 그리움은 오랜 시간의 깊이에서 발원하는 것일 터이다. 하지만 주설자의 시에 나타나는 오랜 시간은 경험해온 실제적 흐름 자체가 아니라 작품 내적으로 변형된 미학적 시간이다. 그것은 자신만의 흔적을 아로새겨가면서 기억이라는 지층에 선연한 심상을 남기면서 가장 아름다웠던 시간을 변형된 흔적으로 깃들이게 한다. 주설자 시인은 그러한 기억의 도움을 받아 지나온 시간을 상상적으로 복원하여 현재형을 유추해가는 여정을 설계하고 실천해간다. 일정한 시간에 대한 매혹을 지나 그 시간으로 하여금 다시 삶을 반추하게끔 하면서 시인 자신의 오랜 기원을 상상하고 표현하는 것이다. 먼저 '어머니'를 향한 기억의 한 장면을 만나보도록 하자.

> 솔씨 하나 바람에 날려와
> 바위의 숨구멍에 점차 싹을 틔우다가
> 모진 풍우 견디며 홀로 푸른 소나무로 자랐네
>
> 세차게 산바람이 불어와도
> 튼튼한 뿌리 뻗어 흔들리지 않고
> 큰 그늘을 드리우며 세상을 껴안고 있네
>
> 그 소나무 작은 솔방울과 솔잎들을 품듯
> 어머니는 올망졸망 어린 자식들을 가슴에 안고
> 한평생 비바람을 막으며 먼 길 걸어오셨네

비바람 내리쳐도 푸른 기개 꺾이지 않고
자식들을 위해 바친 쓰라린 세월
오로지 거친 주름살로 당신 생을 불태웠네

때로는 긴 가뭄에 시달려온 이 땅
쭉정이 같은 솔방울과 솔씨가 될까봐
어린 자식들을 위해 땅속 깊이 물줄기를 찾아
언제나 뿌리를 힘차게 뻗어가셨네

— 「푸른 솔의 품 – 어머니의 사랑」 전문

시인은 생전의 어머니께서 보여주신 사랑을 기억하면서 그것을 "푸른 솔의 품"으로 비유한다. 어머니의 생애는 바람에 날아온 "솔씨 하나"가 바위 숨구멍에 싹을 틔우고 "모진 풍우 견디며 홀로 푸른 소나무"로 자라는 과정에 견주어진다. 세찬 산바람에도 튼튼한 뿌리와 큰 그늘로 흔들리지 않고 세상을 껴안았던 생, 그것이 바로 "작은 솔방울과 솔잎들을 품듯"한 소나무의 일생이었다. 그렇게 어머니는 자식들을 안고 비바람을 막으며 먼 길 걸어오셨다. "푸른 기개"와 "가친 주름살"이라는 그분만의 빛과 그늘은 자식들을 위해 바친 생을 불태우게끔 해준 원동력이었을 것이다. 가뭄에 쭉정이처럼 될까봐 어머니는 땅속 깊이 물줄기를 찾아 언제나 뿌리를 뻗어가셨다. 그리고 그 물줄기를 통해 푸른 솔의 품에서 자식들이 자랄

수 있었을 것이다. 이러한 어머니에 대한 애잔한 기억을 시인은 "당신은 내 가슴에 화로 같은 온기를 남기고"(「강물 같은 사랑 - 어머니를 추억함」) 가신 분이라고 소환함으로써 완성해낸다. 그렇게 '어머니'는 시인 주설자의 존재론적 근원으로서 "거름이 되고 / 사랑이 되고 / 새 생명을 주기 위해"(「낙엽의 사랑」) 살아오신 헌신과 희생의 존재였다. "바람 불어도 흔들리지 않는"(「자연법」) 모습으로 어머니는 외롭고도 "고단한 순례"(「외로운 순례」)를 마치신 것이다. 다음은 '아버지'에 대한 기억이다.

지게에 짓눌린 아버지의
두 어깨
소리없는 살갗의 비명이
피멍울 보랏빛으로
꽃을 피웠어요
한평생 아버지의 어깨에 핀 그 꽃을
지게꽃이라고 이름 짓고 싶어요
세상에서 가장 아름다운 꽃이라고
말하고 싶어요
아버지는 밤마다
굽은 허리를 펴고 단잠에 들지만
새벽이면 또 지게꽃을 피우기 위해
어둠을 헤치고 문간을 나섭니다

> 아버지의 등 뒤로
> 낙엽처럼 하나 둘 떨어지는
> 보랏빛 지게꽃잎들…

―「지게꽃」 전문

'지게꽃'이란 아버지의 두 어깨에 피어난 "지게에 짓눌린" 자국이요 흔적이다. 그 꽃에는 "살갗의 비명"과 보랏빛으로 핀 피멍이 선연하기만 하다. 한평생 아버지 어깨에 피었던 그 꽃이 "세상에서 가장 아름다운 꽃"이라고 시인은 이제야 기억하고 고백한다. 새벽마다 지게꽃을 피우기 위해 어둠을 헤치고 문을 나서시던 아버지의 삶 앞에서 지극한 연민과 애정을 표하는 것이다. 아버지 등 뒤로 떨어지는 "보랏빛 지게꽃잎들…"이야말로 한편으로는 오랜 시간을 함의하고 한편으로는 아버지의 사랑을 은유하는 듯하다. 그렇게 시인은 아버지의 지게꽃에서 "세상에서 가장 아름다운 샘물소리를"(「큰 나무가 되어다오」) 듣고 있다. 지금도 "흰 뼈마저도 / 흙이 되는 까마득한 세월"(「고령, 대가야에 들다」)이 아버지 생애의 저류(底流)에 흐르고 있을 것이다.

이처럼 주설자의 시에는 부모님의 생애에 대한 섬세하고도 지속적인 기억과 함께 한없는 그리움의 정서가 어우러져 있다. 그러한 속성들이 그만의 오롯한 성과를 만들어내고 있는데, 이는 근본적으로 서정시가 시간에 대한 경험 형식으로 씌어지고 읽힌다는 점에서 충분한 미학적 근거를 가지고 있다. 우리는 시간의 불가피한 소멸과 그것의 흔적에 대한 그리움을 애틋한 마음으로 읽게 되는 것이다. 결국 사라져간 시간에 대한 경험 형식을 취하면서 그것을 깊은 기억과 그리움의 형식으로 태어나게끔 하는 것이 주설자 시법(詩法)의 원형이었던 셈이다. 원형적이고 훼손되지 않은 기억과 그리움은 이때 시인으로 하여금 현재의 가파른 삶을 살아가게끔 하는 근원적 힘이 되고 있으며, 시인으로서는 그것을 바탕 삼아 오랜 기억과 그리움의 시학을 심미적으로 펼쳐가고 있는 것이다.

4. 신앙의 섬세한 경험을 들려주는 시학

그런가 하면 주설자 시집 『나그네의 기도』에는 '신성(神聖)'에 대한 갈망이 충실하게 나타나 있다. 삶을 경이롭고도 경건하게 바라보는 근원 탐구적 속성이 잘 나타나 있는 사례일 것이다. 그가 축적해가는 신앙의 시간은 살아있음에 대한 경이와 감사, 근원을 향한 열망과 겸허한 자기 성찰을 특징으로 삼고 있다. 그래서 그것은 인생론과 종교성을 알맞게 통합한 세계로 우리에게 다가오고 있고, 그의 시는 이러한 공존 가능성이 더욱 높은 차원에서 구현된 성과로서

씌어지고 있다. 그만큼 시인은 삶의 심연에서 정화된 상상적 공간을 마련하여 그곳에 계시는 신성에 기투(企投)하고 탈속 공간을 추구하는 과정으로서의 시쓰기를 수행해간다. 그때 느끼게 된 황홀과 경이로움을 노래하면서 시인은 삶에 대한 견고하고도 지속적인 균형 감각을 견지해간다. 이러한 감각은 주설자의 시로 하여금 인생론적 뿌리를 가지게 하면서도 신(神)의 크나큰 은총에 대한 감사의 마음을 가지게끔 하는 국량(局量)을 지속적으로 선사해준다 할 것이다.

> 지난 해 내 영혼을
> 곱게 물들여주고 가시더니
> 이 가을도 마음 낮은 곳까지
> 단풍잎 내려주시네
> 깊은 우물의 물맛처럼
> 내 연륜 쌓여갈수록
> 아름다움으로 늙어가게 하소서
> 세월의 무게로
> 얼굴에 주름이 늘어간다 하여도
> 마음은 빨간 단풍처럼
> 열정으로 타오르게 하소서
> 그래서 가끔은 향기로운 옛 사랑도
> 생각나게 하소서
> 떨어진 낙엽들을 바라보며

> 잠시 생각에 잠길 때
> 인생의 목적이 무엇인지
> 이제는 깨닫게 하소서
>
> ―「나그네의 기도」 전문

  시집의 표제작이기도 한 이 작품은 절대자를 향한 간절한 기도의 주체를 '나그네'로 명명함으로써 시인 스스로의 삶을 축약하고 있다. 따지고 보면 우리 모두는 나그네 길을 걷고 있는 순례자요, 잠시 거처를 빌려 이 땅에서의 생을 살고 있는 여행자일 뿐이지 않은가. 시인은 지난 해 가을에도 영혼을 곱게 물들여주시던 그분이 이 가을에도 어김없이 마음 낮은 곳까지 단풍잎을 내려주신다고 고백한다. 세월이 갈수록 시인은 자신의 연륜이 깊은 우물물처럼 아름다움으로 늙어가게 되기를 소망한다. 가령 그것은 세월의 무게로 인한 주름과는 전혀 다르게 시인을 "빨간 단풍처럼 / 열정으로 타오르게" 하는 마음과 "향기로운 옛 사랑"도 생각나게 하는 시간의 은총으로 한꺼번에 다가온다. 그래서 지상의 나그네는 "인생의 목적"을 깊이 생각해보게 되는 것이다. 그것은 '나그네'라는 말이 함축하듯이, "내겐 기다려야 할 내일이 있고" 종내에는 "마지막 그 순간까지 감사한 마음으로"(「오늘을 사랑하며」) 살아가겠노라는 믿음의 다짐을 이끌어내고 있다. 그래서 시인은 "지상의 마지막 시간에 / 나는 또 어떤 노래를 혼자 부르며 / 조용히 떠나야 하나"(「가을 단상」)를 생각해보게 된 것일 터이다. 주설자 시인이 의지하고 살아온 신성한 절대자는 시인과 함께 그 나그네 길을 동행할 것이다.

    커튼을 열어젖히니
    산 너머로 여명이 밝아오고 있다

    그것이 늘 당연한 것이라고
    생각하지 말자
    달이 지고 해가 뜨는 것은
    우주의 섭리이지만
    이 세상에서 당연한 것은 없다

    오늘 하루도 새 아침을 맞이함은
    하느님이 내리신 축복이다
    이 소중한 하루를
    그냥 스쳐 보내지 말고
    사랑하고 웃으며 보내야 한다

    가을의 황금 들판에
    고개 숙인 벼 이삭들처럼
    나의 영혼을 알곡으로 가득 채워